BEI GRIN MACHT SICH IHR WISSEN BEZAHLT

- Wir veröffentlichen Ihre Hausarbeit, Bachelor- und Masterarbeit

- Ihr eigenes eBook und Buch - weltweit in allen wichtigen Shops

- Verdienen Sie an jedem Verkauf

Jetzt bei www.GRIN.com hochladen und kostenlos publizieren

Tobias Reinold

Werbung in China

GRIN Verlag

Bibliografische Information der Deutschen Nationalbibliothek:

Die Deutsche Bibliothek verzeichnet diese Publikation in der Deutschen National-
bibliografie; detaillierte bibliografische Daten sind im Internet über http://dnb.d-
nb.de/ abrufbar.

Impressum:

Copyright © 2006 GRIN Verlag GmbH
Druck und Bindung: Books on Demand GmbH, Norderstedt Germany
ISBN: 978-3-656-40611-2

Dieses Buch bei GRIN:

http://www.grin.com/de/e-book/129820/werbung-in-china

GRIN - Your knowledge has value

Der GRIN Verlag publiziert seit 1998 wissenschaftliche Arbeiten von Studenten, Hochschullehrern und anderen Akademikern als eBook und gedrucktes Buch. Die Verlagswebsite www.grin.com ist die ideale Plattform zur Veröffentlichung von Hausarbeiten, Abschlussarbeiten, wissenschaftlichen Aufsätzen, Dissertationen und Fachbüchern.

Besuchen Sie uns im Internet:

http://www.grin.com/

http://www.facebook.com/grincom

http://www.twitter.com/grin_com

Hochschule Pforzheim

Wintersemester 06/07

Seminararbeit im Rahmen des Seminars: Einführung in die Werbung

Werbung in China

Autor:

Tobias Reinold

Studiengang BWL/Marketing-Kommunikation

Werbung in China

Zwischen staatlicher Zensur und westlichen Experimenten: Werbung in China ist wie ein Spiegel des ganzen Landes: Ungewohnt, rasant wachsend und schnell. Im Folgenden soll ein Überblick über das spannende Thema der Markenkommunikation in Fernost gegeben werden.

Gigantischer Werbemarkt im Wachstum

Gemessen an den Ausgaben der Firmen für Marketing-Kommunikation stellt China mit 24 Milliarden US-Dollar den drittgrößten Markt der Erde für Werbung dar.[1] Natürlich relativiert sich

Top 5 chinesische Marken		
Rang	Marke	Kategorie
1	Haier Home Appliances	Elektrogeräte
2	Qingdao Beer	Alkoholische Getränke
3	Tong Ren Tang	Nahrungsergänzungs
4	Yanjing Beer	Alkoholische Getränke
5	Pearl River Piano	Musikinstrumente
Quelle: Forbes		

diese Zahl, wenn man sie den 1,3 Milliarden zu erreichenden Konsumenten gegenüberstellt. Das Werbemedium mit dem größten Umsatz und Abdeckung ist der staatlich kontrollierte Rundfunk und TV; das schnellste Wachstum verzeichnet die Online-Werbung, mit der über 100 Millionen surfende Chinesen erreicht werden.[2] Die staatliche Zeitung People's Daily meldet ein Wachstum des chinesischen Werbemarktes in Höhe von etwa 25% im Jahr 2005.[3]

Top 5 Werbeausgaben Welt	
Rang	Land
1	USA
2	Japan
3	UK
3	Deutschland
3	China
Quelle: TNS Media Intelligence	

---

[1] Business Week Online: "Chart: Big Spending China" (URL: http://www.businessweek.com/magazine/content/04_45/b3907005.htm)
[2] Bundesagentur für Außenwirtschaft: „bfai: Werbung in der VR China - Werbeträger und Werbemedien" (URL: http://www.china.ahk.de/gic/biznews/bfai/bfai-werbung-werbetraeger-medien-januar2004.htm)
[3] People's Daily Online: „Advertising spending rises 25%" (URL: http://english.people.com.cn/200502/23/eng20050223_174398.html)

Millionenstädte

Werbung above-the-line ist sicherlich am effektivsten in einer der chinesischen Millionenstädte. Neben Peking und Schanghai gibt es acht weitere Metropolen mit mehr als vier Millionen Einwohnern, die für die meisten Westler unbekannt sein dürften. Die offiziell größte Stadt ist das rasant wachsende Chongqing im Süden Chinas, in der 31 Millionen Menschen leben.[4]

Unbekannte Marken

Die meisten großen Marken aus China sind bei uns unbekannt. Die Gründe dafür sind vielfältig: Viele Produkte sind zu schlichte, wenn auch günstigere Nachahmungen, der bekannteren Markenartikel und damit international nicht konkurrenzfähig. In den letzten Jahren lastet im heimischen Markt aber ein immer stärker werdender Preisdruck auf chinesischen Konsumgütern.[5] Dies führte zu einer offiziellen Regierungsvorlage an chinesische Konzerne, starke Marken für das Ausland aufzubauen bis hin zur Bildung eines speziellen Fonds, der Unternehmen helfen soll eine starke Marke aufzubauen und sich um die Eintragung von Warenzeichen zu bemühen.[6]

Bei den ständigen Bemühungen um Freihandel mit einem zunehmend globalisierten Markt ist es jedoch nur eine Frage der Zeit, bis auch in Europa immer mehr Marken aus dem fernen Osten bekannt werden.

Top 7 beliebteste Marken in China		
Rang	Marke	Branche
1	Samsung	Mobilfunk
2	Haier	Elektrogeräte
3	China Mobile	Mobilfunk
4	Google	Internet
5	Crest	Kosmetik
6	Meng Niu	Milchprodukte
7	Sony	Elektrogeräte
Quelle: Euro RSCG Worldwide		

---

[4] China Statistical Yearbook 2003: "Chapter 4: Population"
[5] Business Week Online: "The China Price" (URL:
http://www.businessweek.com/magazine/content/04_49/b3911401.htm)
[6] People's Daily Online: "China to earmark 700 mln yuan for brand building in 2006" (URL:
http://english.people.com.cn/200512/11/eng20051211_227183.html)

Schließlich sind zum Beispiel heute südkoreanische Marken wie Samsung, Hyundai und LG ganz selbstverständlich im Brand Awareness der europäischen und amerikanischen Verbraucher.[7] Haier Home Appliances, ein Joint Venture aus dem deutschen Traditionsunternehmen Liebherr und einer chinesischen staatlichen Gesellschaft, dürfte wohl noch die bekannteste chinesische Marke für Verbraucher hierzulande sein.

„hai er" ist dabei der respektvolle Versuch, „Herr" auf Chinesisch auszusprechen. Heute kann man beim Elektronik-Discounter günstige Mikrowellen und Kühlschränke dieser Marke erwerben. In der Tat ist Haier der fünftgrößte Hersteller von weißer Ware weltweit.

Markenbewusstsein

Das Bewusstsein für eine starke Marke ist bei jungen chinesischen Verbrauchern deutlich ausgeprägt. Dazu tragen natürlich der Konsum von Fernsehen und Webseiten bei. So sind südkoreanische und taiwanesische Telenovelas ein äußerst beliebtes Vehikel für Product Placement für zu etablierende Marken, werden hier doch asiatisch-konfuzianische Werte mit amerikanisch-westlichem Look verbunden.[8] Auch die bessere Schulbildung und internationale Ausrichtung der jungen Chinesen spielt eine Rolle. Hinzu kommt, dass Marken als moderne Statussymbole gelten: Bei nach außen hin sichtbaren Dingen wie Kleidung, Schmuck, Mobiltelefone und Automobile sind Marken eher gefragt als bei Verbrauchsgütern des häuslichen Umfelds.[9]

Chinesen ab fünfzig Jahren, die die marken- und marktkonkurrenzlose Kulturrevolution bewusst erlebt haben, besitzen dafür eher kein Verständnis.

---

[7] Interbrand's Best Global Brands 2006 (URL: http://www.interbrand.com/best_brands_2006.asp): Die drei genannten Marken finden sich in den von Interbrand erstellten Liste der 100 wertvollsten und bekanntesten Marken der Erde.
[8] China Internet Information Center: "Consumers have their say" (URL: http://service.china.org.cn/link/wcm/Show_Text?info_id=84333&p_qry=brand%20and%20valu able)
[9] JWT Worldwide: "Selling to the new consumer" (URL: http://www.prnewswire.com/cgi-bin/stories.pl?ACCT=104&STORY=/www/story/01-10-2006/0004245856&EDATE)

Hier zählen mehr der günstige Preis verbunden mit akzeptabler Qualität und Verfügbarkeit.[10]

Smart Shopping, also die Jagd nach günstigen Marken, ist eher unbekannt.

Werbeausgaben in China

Werben und Werbung um die Gunst des Kunden ist allgemein akzeptiert in China, in den Großstädten verwandeln sich die Häuserschluchten nachts in ein Neon-Lichtermeer; der Point of Sale muss vor allem bunt, laut und einnehmend sein. Wer schon einmal auf einem Markt in Asien eingekauft hat, weiß wie sehr sich die Händler um einen bemühen.

Top 10 Werbeausgaben in China		
Rang	Marke	Kategorie
1	Olay	Kosmetik
2	Rejoice	Shampoo
3	Crest	Zahncreme
4	China Mobile	Mobilfunk
5	Colgate	Zahncreme
6	Naobijin	Nahrungsergänzung
7	Huangjindadang	Nahrungsergänzung
8	Gaizhonggai	Nahrungsergänzung
9	Head & Shoulders	Shampoo
10	Safeguard	Zahncreme
Quelle: Forbes		

Vorwiegend die multinationalen Konzerne, die nun den gigantischen chinesischen Markt für Konsumgüter bearbeiten wollen, vergeben nun ebenso gigantische Budgets.[11] Die größten Werbeausgaben bestreitet US-Riese Procter & Gamble mit drei Kosmetikmarken, erst auf den folgenden Plätzen finden sich chinesische Markenhersteller. Der westliche Einfluss in der Werbung lässt sich vielleicht auch noch in einer anderen Zahl festmachen: Im Jahr 2005 stiegen die Werbeausgaben für Kreditkarten und importierte Spirituosen überproportional.[12]

Kultur und Nationalsymbole: Was man alles falsch machen kann

Völlig falsch wäre es nun, einfach gut funktionierende Werbung aus dem Westen in China zu schalten. Diese muss an den fernöstlichen Markt angepasst werden.

---

[10] Laura Oswald: "China Watch: Using Ethnography to Track Brand Awareness in Shanghai" (URL: http://www.marketingsemiotics.com/pdf/china_wp.pdf)
[11] The Economist: „The harder hard sell" vom 24. Juni 2004
[12] CTR Market Research: "Credit Cards & Imported Alcoholic Beverages out-performed China advertising market" (URL: http://www.ctrchina.cn/en/articles/33.html)

Die chinesische Zentralregierung gibt dabei Richtlinien vor: Staatliche Symbole wie die Flagge oder Parteiabzeichen zu benutzen wäre streng verboten – weswegen jede ausländische Agentur in China zur Abstimmung mit dem Gesetz einen „Berater" der Regierung einstellen muss.

Von diesen gesetzlichen Rahmenbedingen abgesehen: Viele kulturelle Unterschiede müssen dem Werbemachenden bewusst sein. Ein Beispiel: Alte Menschen gelten als „lao ren" („ehrwürdige Alte"), sind damit geachtet und ihre Erfahrung wird respektiert. Oft bestehen Fernsehspots einfach aus dem konfuzianischen Ideal, dass ein älterer Testimonial vor versammelter Mannschaft über die Vorzüge des Produkts doziert.

Man stelle sich einen deutschen Fernsehspot vor, in dem Opa seinen Lieben erklärt, welcher neue Familienwagen angeschafft werden soll...

Auch die genutzten Symbole und Semiotik müssen überprüft werden: Schweiß gilt bei uns als sportlich und männlich – in China als dreckig und ekelhaft. BMW versuchte seinen 3er im Rahmen des globalen Images als Sportauto mit transpirierenden Insassen zu verkaufen, und scheiterte daran furios. Erst ein völlig anderes Mood-Setting (Eleganz statt Sportlichkeit) im Spot schaffte den erwünschten Werbeerfolg. Und was bei uns zart erotisch gilt, wird in der chinesischen Öffentlichkeit schnell als pornografisch angesehen. So geschehen bei einem Werbespot für das Duschgell Feelings.

Und nochmals zurück zur Politik: Auch das gespannte Verhältnis zu anderen Nationen will bedacht sein: In einem TV-Spot für den Toyota Prado bringt das japanische Auto einen steinernen Löwen (der auch bei uns oftmals vor Chinarestaurants zu finden ist und absolute Autorität symbolisiert) zum Salutieren. Vor dem Hintergrund der unentschuldigten japanischen Kriegsverbrechen in China war dies nicht von den öffentlichen Aufsichtsbehörden zu tolerieren.[13]

---

[13] SPIEGEL ONLINE: „Bloß nicht ins Schwitzen kommen" (URL: http://www.spiegel.de/wirtschaft/0,1518,395967,00.html)

Werbeagenturen in China

Da Werbung vor der Öffnung des Marktes durch den Parteiführer Deng Xiaoping praktisch nicht stattfand, konnten zunächst große Networks und erfahrene Agenturen ein weites Feld in der chinesischen

Top 7 Werbeagenturen China		
Rang	Name	Stammsitz
1	Beijing Dentsu	Japan
2	Saatchi & Saatchi Great Wall	USA
3	Tom Outdoor Media	USA
4	Jiangsu Dahe International	Japan
5	McCann-Erickson Guanming	USA
6	Jiangsu Post Advertising	China
7	Shanghai Advertising	China
	Quelle: China Advertising Association	

Werbelandschaft vorfinden. Noch heute dominieren japanische und US-amerikanische Großagenturen. Bei dem in China vorherrschenden Geschäftssinn ist aber auch völlig klar, dass inzwischen gut ausgebildete chinesische Unternehmer nachziehen, um von dem rasanten Wachstum zu profitieren.

China ist sicherlich nicht nur wegen des Werbemarktes interessant. Und doch ist dieser Teil der Wirtschaft ein Bereich, in dem mitunter am meisten Potential steckt. Oftmals wird von einem kommenden „chinesischen Jahrhundert" gesprochen. Wer sich ein wenig mit der chinesischen Kultur, Sprache und Mentalität anfreunden kann, dem stehen in Sachen Marketing und Kommunikation dort alle Wege offen.